El camión verde y otros pasajes

ediciones SurcoSur

Alberto Sicilia

El camión verde y otros pasajes

ediciones SurcoSur

Copyright © 2018 by Alberto Sicilia Martínez

Primera edición, 2018
© Ediciones SurcoSur, 2018
Selección de textos: Alberto Sicilia
Edición: Gabriel Cartaya
Diseño y diagramación: Edgar Jerez
En portada: Obra de Fayad Jamís, propiedad del autor.

Ediciones SurcoSur
216 W Hamiller Ave.
Tampa, FL, 33612
surcosurediciones@gmail.com

ISBN: 978-0-578-41748-6

ÍNDICE

Rutas de la palabra en Alberto Sicilia

El camión va a partir. Va hacia Cuba, como carga lleva los versos del poeta Alberto Sicilia que regresan a la Isla con su editor Gabriel Cartaya. Este prólogo se escribe convocado por la prisa de una fecha de partida. En un par de días el libro será "cocido" en el horno de Ediciones SurcoSur por el maestro Edgar Jerez, que sabe cómo empalmar páginas e imágenes.

Surco Sur, la revista que muchos conocen desde su factura impresa hasta sus páginas digitales a través de la Universidad del Sur de la Florida, había iniciado ya la labor de unir voces en español y en inglés que nos llegan a la redacción, pero este proyecto nuevo incluye la publicación de libros y se ha abierto con la obra de escritores que crecieron física e intelectualmente en la isla de Cuba. Uno de ellos es Alberto Sicilia, una voz que en muchos de sus registros nos habla desde allá, pero cuyos mensajes ya están formando parte de esa literatura cubana en el exilio que rescata orgullosamente, pacientemente, tesoneramente, el valor creativo de la memoria, así como el de la imaginación, ya que la una no es nada sin la otra.

He aquí *El camión verde y otros pasajes*, un poemario que nos habla de Cuba, su gente, sus saberes subversivos, pero también entra en los paisajes interiores del hombre que supo aprovechar la oportunidad de reflexionar sobre su entorno y sobre sí mismo cuando la vida le puso en la mano un volante y, entre el corazón y la mente, un puñado de metáforas. Hay una chispa poética intacta que nació en Caibaiguán, pero que viene a restallar aquí en las calles de Florida, en el filo de sus *expressways*, tan diferentes al verde trillo de los cañaverales que atravesó el camión verde del poeta. La palabra de Sicilia, llegado a la Florida en 2013, continúa hoy su hoja de ruta a través de *Ediciones SurcoSur*. Le damos la bienvenida a este y otros proyectos que vendrán, porque confiamos, el editor y yo, en que la palabra escrita de nuestros autores, horadando, pueda socavar el ruido que ha hecho en los últimos años el mal uso de la palabra oral, el fallido diálogo que ha evidenciado mucha sordera de una y otra parte. Leer reposadamente sea quizás un modo de acercarnos y entendernos.

El poemario de Sicilia se me deshace entre las manos, el poeta me ha traído sus páginas impresas a la oficina en la Universidad. Nos sentamos y Sicilia habla con modestia de la obra que dejó atrás y que ahora avanza con esta antología que reúne una selección de textos de todos sus libros de poemas publicados en Cuba. Tomo las páginas de sus manos y espero la noche del sábado para leer, anotar, detenerme, volver sobre lo que voy escuchando. La palabra poética siempre es habla que recuerda sus orígenes como sonido ritual de convocación. Espero la luz de la tarde del domingo para entablar mi pelea personal contra los demonios de la computación y plasmar mis impresiones en el teclado, esperando comunicarlas al lector de este libro.

Comienzo por este símil del camión debido a que su fuerza gráfica colmará las expectativas de cualquier lector. Para aquellos que por experiencia personal, o por anécdotas referidas, comparten el saber del camionero, algunos textos de este poemario tendrán otro sabor. Es sabido que nuestro poeta ejerció por años el duro oficio de recorrer los caminos de su país, enseñado por su padre, guiado por familiares y amigos. Todo cuanto aprendió en ellos es cuanto ahora le agradecemos recibir. Los suyos son paisajes, cuyos radios se abren desde lo personal, lo generacional, e incluso lo histórico, hacia alusiones a lo humano, lo intemporal, hacia esas lecciones que la poesía está obligada a seguir impartiendo, en todas las épocas, en todas las lenguas. A ese tipo de escritura, que pudo haber partido de una vivencia particular, pero ganando en universalidad, pertenece uno de sus más cuidados poemas, al que titula "Parábolas". Me permito citar unas estrofas sólo para incitar su lectura.

> Llegar es ponerse al alcance
> de las manos
> y con ellas la aurora,
> la gran ciudad,
> el mar,
> la comarca del duende,

allí de amarras
nos vamos despojando,
estamos lentos,
amantes de estación,
tibieza de la mano y dado al roce
de tu cuerpo en desnudez frente al vacío
con el vidrio sonoro y con la boca
negadora del asfalto.
Viajante te he seguido
veredas y caminos,
callejas y avenidas,
los peces sin mar en los semáforos,
el rio sobre el puente
y el retorno silente de la estrella.
Y somos circulares,
un giro al mismo Edén,
un freno al tedio del tronante ciclo,
un adelanto de luz contra la muerte.

Otro poema que comparte la imagen de este transportarse
a través de los caminos de la isla, es aquel que abre el libro y
que Sicilia titula simplemente *El Camión verde*. Este tiene unas
claves más circunstanciales. Imposible no advertir en esa
anáfora: "No somos ya tan bellos", una sugerencia al destino
de la generación literaria de los 80' a la que pertenece el poeta.
Como homenaje, algunas dedicatorias, paratextos de los
poemas, mencionan a escritores de la misma hornada: Soleida
Ríos, Gumersindo Pacheco, creando hoy desde ambas costas,
juntos en la memoria amistosa del poeta Sicilia. Considero
que esa generación puede verse como la última que se atrevió
a soñar -como grupo debo aclarar- que era posible un arte
que desbordara los muros de la inercia y la censura que
limitan el rumbo de la sociedad cubana. Muchos vivimos el
corto sueño, por eso la etapa deja su huella en este libro.
Otros poemas son sutiles testimonios de ese desengaño, pero
el poeta no acude a la denuncia directa, salvando la palabra
de los caminos políticos directos que no le pertenecen. Y
aunque toda una época y sus frustraciones estén en estas
páginas, no voy a detenerme en desentrañar este tipo de
lectura, sino, sugiero que leamos esta poesía también como
textualidad y a eso me dirijo.

Contar palabras, verlas como sintagmas, lexemas, fonemas, fue un vicio estructuralista que aprendí en la Escuela de Letras de la Universidad de La Habana con el profesor y amigo Salvador Redonet, quien era capaz de sentarse en la Biblioteca Nacional a traducirme del ruso a Mijaíl Batjín para que yo pudiese escribir con decoro mi tesis de licenciatura sobre Fiódor Dostoievski. Pero como Beatriz Maggi era mi tutora, no podía aquel vicio apasionante convertirse en estéril ejercicio de conteo y clasificación, porque aprendí de la Maggi que toda palabra esconde un llamado que viene de muy lejos y es más universal que todos los idiomas y las gramáticas con que contamos. Así que me formé analizando la poesía con los mejores profesores y leyendo a los grandes. Siempre vuelvo a ellos: Charles Baudelaire y Antonio Machado.

Pero aquellas clases resultan útiles ahora porque me permitieron ver de inmediato que este libro no sólo tiene en el camión verde una línea de fuga, sino que también se abre la palabra poética de este escritor a otros espacios, quizá más incitadores de la libertad, liberándose de la tierra, el polvo, del hombre mismo: allí es donde vemos el triunfo del reino del agua en el libro de Alberto Sicilia.

No es nueva esta fascinación. Transcurre en lapoesía cubana del siglo XIX, desde aquellos versos desgarradores de la Avellaneda en ''Al partir'', donde sentimos la impiedad del mar, sin olvidar la larga tradición literaria del uso de este elemento en la poesía cubana desde la aparición de ríos y lagos en la poesía siboneyista y romántica, hasta que llegamos a la Vanguardia con el gran poema ''La isla en peso'', de Virgilio Piñera, donde esa isla acechada por el agua alcanza su definición mejor y más angustiosa. Incluso, si se me permite abandonar por un momento la literatura, puedo compartir con el lector mi admiración por ese cine cubano al estilo documental de la película *Balseros* (2002) co-dirigida por Carlos Boch y Joseph María Domenech, que ha dejado para futuras generaciones una memoria de esa tragedia que ha vivido el pueblo cubano a la intemperie en el estrecho de la Florida. Este momento también ha tenido su cantor en la obra plástica de Luis Cruz Azaceta, quien, como pocos, o como ninguno, ha plasmado en sus cuadros a estos hombres y mujeres que han arriesgado su vida escapando de Cuba por mar, logrando una representación casi religiosa de un fenómeno político social que vemos repetirse en otros lados de un mundo donde pobreza y dictaduras empujan a la gente de sus casas. Todos estos géneros artísticos coinciden en su grandeza al expresar en imágenes reales o imaginarias el agua como elemento que trasluce la historia y la psicología del pueblo cubano. Esto también lo ha sabido captar el poeta Alberto Sicilia.

En mis cortas páginas he tratado casi lo imposible: poner cerco al agua en la poesía que nos entrega este poemario. Sólo recurriendo a las instrucciones del estructuralismo podría proponerme algo así. Como resultado comparto un conteo de palabras, todas aquellas expresiones de las cuales se ha servido el poeta para encarnar este elemento. Las palabras que a continuación enumero están esparcidas a lo largo de las 90 páginas del libro, y todas forman una familia léxica donde el agua va tomando diferentes expresiones, desde la magnificencia de los espacios abiertos como el océano hasta un humilde sumidero. ¿Será que se nos quiere decir que la libertad, sinónimo por antonomasia del agua, también **se conquista y se expresa así**, desde lo grandioso hasta lo cotidiano? Acá todas las variaciones de la palabra agua a lo largo del libro: **océano mar toalla ola barco mangle salitre sumidero huerto espuma fango muelle arena rivera lluvia llovizna**. Y como si fuera poco, hay un bestiario: **la tortuga, las sirenas y el pez** recurrente. Y hay también las formas en que el agua se emponzoña: **el mangle, el cieno, el pantano**; otras en que el agua se detiene: **el muelle, el puerto, la ribera, la costa.** Y por último donde el agua parece en reposo: **el lago** en ese poema sugerente ''López Park'', que cierra el libro y abre el que aún no ha escrito Sicilia, el que está anunciado y ya en tránsito en estas líneas: el poema dela llegada del exiliado a su nueva morada. Este ya lo es por su fecha: escrito en la ciudad de Tampa donde hoy vive el poeta, surgen sus versos de una tarde en que la voz lírica está sumida en la contemplación de un lago en un vecindario, algo que parece inocente, pero no así la reflexión: un hombre puede hundirse en esas aguas, nos advierte Sicilia. Y es cierto, el exiliado debe estar siempre vigilante de sus pasos.

Como antes, no quiero cerrar esta introspección sobre el reino del agua como línea de fuga en el poemario, sin dejarles unos versos de ''Reino de la anémona'', que no puedo dejar de confesar es mi poema predilecto.

Así las cosas en fosforescente isla
casa de lamentación
proceden en el tabernáculo
y de la fuente arrastran impurezas
Estamos en la estación de la vaguedad

ante los jueces magos
incapaces de la voz y los estribos
Un animal reproduce el grito
el silencio terrenal de las constelaciones
Así las cosas en vano doblegadas
pasan como agua y no lluvia
sequía en lo sublime y en lo ordinario

Al final el agua es libertad y por eso presentar a Cuba rodeada de aguas es una forma de verla semejante a aquella de María Zambrano cuando la llamó "Isla de la metamorfosis" y sintió que en esa tierra y esa luz estaba su "patria pre-natal". Como una esperanza vio Zambrano la naturaleza de la Isla. Como promesa incumplida, así la ha visto también Sicilia cuando deja dicho en sus versos. "Renacer cuando la isla navegable sea".

Madeline Cámara

Pase a bordo

He reunido aquí una selección de poemas de cuatro libros: *El camión verde*, *A favor de la roca*, *Los seres enemigos* y *Miniatura con abismo*; incluyo también tres poemas rescatados de la red. No he sido exhaustivo, no he querido dejarme llevar por gozos o rupturas y escogí los textos al azar. Quiero mencionar a los mentores, desde el origen hasta la marcha ya más lenta de este monstruo rodante, de ese animal que esporádicamente reaparece en sus versos, al acecho de cualquier brote de lirismo trasnochado. En sus páginas están las huellas de Sonia Díaz Corrales y Soleida Ríos; están las miradas inquisitivas de Eliseo Diego, Fina García Marruz y Roberto Fernández Retamar; la selección y orden de Rafael Alcides y Fayad Jamís. En sus páginas están las enseñanzas de mis padres y hermanos, los amores que en su fugacidad trascendieron las palabras, la rebeldía juvenil y la certeza de que en ellas puedo disentir de mi propio silencio hasta nombrarlo. Me doy el lujo, agradecido. Para Fayad he cumplido su promesa de ilustrar la cubierta del camión verde con un collage que me obsequió poco antes de morir. En contraportada, como retrato, un regalo de mi amiga Yoha Carrera. Este camión sigue su marcha, a bordo ahora, los nuevos amigos y proyectos: Gabriel Cartaya y Edgar Jerez. Agradezco a Ediciones SurcoSur que brinde su camino para el siguiente viaje y a mi esposa, el tiempo de volverlo a conducir para nuevos lectores.

Alberto Sicilia Martínez
en Tampa, Florida; Octubre 1ro y 2018

del libro: El camión verde

EL CAMIÓN VERDE

No somos ya tan bellos
nuestra belleza estaba en no decirnos

A veces los caminos cotejan al viajero
al chofer que mira
en el silencio alucinante de la carretera
y no escucha   nunca escucha
rugir el motor en cada cambio

No somos ya tan bellos
el camión verde se acerca a la ciudad
es de todos como mío
su claxon de aire verde
es de todos

No somos ya tan bellos
los camioneros hablan de este tiempo
esperan una carga

YA NO

Desnudo
Con este animal sobre mi pecho
con estos remordimientos
¿Puede el camino ser mi dios?
Oh dios me instalo en su curva
Y beso tu mejilla
y aguardo
aguardar es saberse esperado
él le teme a esta cita por temblor
por hijo de hombre
por astuto
porque se conoce perdido ante sus hijos
Estoy desnudo ante el volante
y ante el camino como yo
únicamente como yo y mi paciencia
que se sienta a mi lado y me bendice
La carretera entra por mis ojos
como una estela de asfalto
Y el vértigo de la yerba
Por mi costado entra
Gris se maneja en la noche
gris es el borde del camino
y el mismo es una nube
El ruido del motor ya no se escucha
en la próxima curva
quizás ya no me importe

DESORDEN LIBRO ABIERTO

Comienza y asfalto y me cogen del puño y me baten los sesos
besar a estas que corren y camino
vuelvo a nacer
arrancarme un pedazo y ponerlo a vivir
los pedales las yerbas los bordes de la carretera
mujer que cabalga que arde que grita que abre y aplasta
sacarme el velo la maraña de flores antiflores
qué se yo del que huye y tropieza
si enfermo estoy pálido y muero y doy lástima
vaya las cosas que anoche
se mueven se mueven
error año de no ser Einstein me olvida me maldice
año de caminar y de no ser de terminar y encontrar
los verdaderos normales están aquí pero no tanto
y se me antoja vaya se me antoja que no seré
que si seré
amor ciego amor sin ojos amor que no es lo mismo
la ratoncita más normal
la ratoncita y esta niña
yo que me disuelvo y sigo
hojeando el libro

EL PUÑO DE LOS FAVORECIDOS

Cambia el patio acorralado
la falsedad rodea su tibieza
cuanto error y no decir
arrepentirse
mas sigues tensando el arco a mis espaldas
y cloquean rústicos los adolescentes
Ir de todos
cambia tu reloj por un índice cortante
como después de los insultos
amado de los dioses para el sacrificio
solo por ver mi sangre
el labio roto
solo para cantar los mismos salmos
Ir de todos
cuándo regresarás
cuándo será tu marcha sobre los nuestros
Nadie existe en la sorpresa del tedio
Nosotros
los levemente favorecidos
pensamos con el puño
Oh maestro
Oh mujeres cuerdas
Oh locas padecen de exaltación cuando reclaman
Nosotros fuimos a romperte
estabas rota
tu virginidad era un sueño
Quiénes los favorecidos
Quiénes yo acusando
el índice cortante
Ya no vamos a romperte
ah celestina

ah cosedora del mundo
ya no vamos a romperla
ya no vamos al campo con el vacío en las palmas
sino agujas
sino lanzas
sino la palabra como solo la palabra puede
Cambia el patio
Quizás mañana no sea él
ni ya un sencillo detonante
Cae la lluvia por ahora en el patio
mañana caerán los señalados

EL TIMBRE

Oyes el sonido inmenso
despiertas muerdes tus ojeras
reconoces
tu cara allá en lo alto
o en lo bajo
en el brillo inferior
Despiertas con la embriaguez sobre la lengua
no es triste así sino el olvido
del yo del Otro torpe
que habita que no habita sino ha muerto
El timbre
queridísima el timbre
ese agujerito en mi sien el timbre
que otra vez me pone a vivir
a no vivir
a esperar el timbre
yo inerte para los despiertos
y para los dormidos
ah para los dormidos

HORDAS O EL TRAGO DE PENSAR

A R. Guerra

Ámame o deja que te odie
decía que sabemos defendernos
atacar
de este a oeste   de norte a sur
somos hombres con lanzas
toda la guerra es un granito de maíz
y la antiguerra?
y pedro en el jardín se muerde las uñas
de aquella horda   de esta
somos hombres de horda
sabemos derribar árboles   mujeres
el barman loco
las astillas caen en el trago de pensar.

LLUEVE EN LA CIUDAD

A Gumer Pacheco

No hay nada tan manso como aquel
que duerme a pierna suelta y ya no escucha
el toque magistral de la trompeta

Pobre del viento andante
llueve en la ciudad y no me pierdo

No hay nada tan manso como un poeta conocido
que no arma una hoguera y pone a hervir
la sangre de los héroes

No hay nada tan manso como una multitud
que cierre las ventanas y enmudezca

Pobre del viento andante
llueve en la ciudad y no me pierdo

No hay nada mas manso que ese yo
que guarde las verdades a la sombra

No hay nada más manso que nosotros
en silencio

PEREZA DEL ACABADO

A Carmen Salas

Este es mi juego
la voz como elemento de las astas
respirar los estruendos

Perezosa
la marcha de esta luna es un tanteo
Como una estúpida hoja en un pantano
así está mi cabeza en otro sueño
El mundo es este charco inhabitable
a veces soy el mundo y me lastima

Ah la pereza de los distraídos
cuanto gusta
agitarse el silencio ante el espejo

Melodía no puede ser hoja ni pantano
sino la estupidez del sueño en mi cabeza
Perezosa es la mugre cuando avanza
carcomiendo estos bordes donde bebo
donde mastico y trago nuestros humos
Si supiera como yo la hermosa hoja
si supiera que es un juego toda voz
si se entera la torpe
si se entera

MEMORÁNDUM

A un tronco amigo

Me envuelvo en la fascinación como en la manta
por la calle los cochecitos pasan
arrastrando mujeres enormes

Se pierden de luz nuestras figuras
la calle se hace honda
con una hondura de tonos que entristecen
La calle soy también
me fusiono con ella
                              y palpitamos

Ah comienza lo artificial a ceder cuerpos
se electrizan las voces con sus duendes
Quién seré yo sino otro dueño
debajo de esta hora en que todo permanece
Quién sino la permanencia misma de este tiempo

Con su lisura
la noche es una hembra sudorosa
En el vuelo tan lento de los autos
comienzan su juego las parejas
atrás se queda el pueblo con sus luces
nuestro padre latiendo en las aceras
atrás la calle donde hacemos nuestro nacimiento

Se apagan los autos los latidos
emergen desde centros con más fuerza
comienza un adueñarse un ser esclavo
tan mutuo tan sincero que estoy lento
como en aires de ascua recordando
como en aires de ascua

26

Es sencilla así toda memoria
el rocío se evapora sobre el sueño
sobre los cristales cantan los placeres del humo
Mi lentitud no es mi muerte es el silencio
como el vórtice del golpe
que despacio
empuja la violencia al precipicio

POLVO ROJO EPISTOLAR

La tarde de todos
definitivamente roja se desprende
con los amantes miro la caída del sol
El pueblo en la hondura me sostiene
                 oh Magda me sostiene
mi sangre es también el polvo rojo
Escribo sobre el aire de mis huesos
con el mineral del aire se funde toda voz
Surge una ciudad más grande que mi olvido
y la nada es más grande que el recuerdo

Toda roja
la tarde cae definitiva
los amantes miran
ah se hunde el sol y tu Magda me sostienes
El polvo corre por mis venas dando voces
Por cada sol hundido surge una ciudad
más grande

RAINER PARA FUGA

Mi casa se halla entre el día y el sueño
a quién podré decirle que mi perro
gravita en las estancias con asombro
que no duermen las moscas
A quién

Un caballo de humo se sonríe
es el fantasma de la pared
dibuja los hilos y las arañas

Mi casa es un hoyo cercado
cierra un ojo para que estés en el sitio de la inquietud
entre la inercia de la inmortalidad
y los pececillos del aire

Me estoy llenando de idas
ya vengo a corregirme la boca
el silencio es el monstruo del látigo
Nosotros no entendemos de multitudes

Mi casa es agria y sola
está despierta y nocturna
los vecinos habitan el infierno y el paraíso
El paisaje de la desnuda es un círculo remoto
a quién voy a decirle con cordura
que las aspas me recuerdan los ahorcados
que me tiendo ante los trenes
El pasajero es un apunte
mi casa ya es el hombre del disfraz
Habrá boda en el pueblo

yo habito los trajes de la novia
y palpo el susto

Mi casa tiene seis ventanas de frío
seis pedazos de aire
salgo con madera en los bolsillos
yo mismo para arder

La oscuridad era como un tesoro en la alcoba
en donde el niño secretamente se sentaba
lo mirábamos sacudirse el polvo de la inocencia
Transcurrían las noches
el niño iba despertando de los barcos
dicen los domésticos que soñaba
Yo fui un niño y hasta hace poco
el vientre bullía de cosquilla
la vi desnudarse los contornos
era bajo el sol y yo en la sombra
parecía un fantasma de juguete
Ah la sensación es un animal asustado
ella nos pone el silencio sobre la boca
y la desnuda comienza a desdoblarse
el ritmo de su pecho es un cuchillo
Solo la miramos desde la sombra
ella bajo la luz es otra lámpara
alumbrando la claridad con sus deseos
tú le quieres auscultar cada pedazo
porque eres un niño pecador dentro de mí
tú quieres irte y tienes miedo
estas lleno del agua de la duda
Hay dos niños sentados en la oscuridad
atisbando la manera de un salto
de alguna forma riñen
pero regresarán mañana cuando ella
entre a desnudarlos

Allí se abren muchachas a lo desconocido
lastimando la fruta del susto

Al sitio de la luz también acuden hombres
es extraño el tren que pasa sin mirar
con ese ruido de mujeres cuerdas
exacto sonido irrepetible
Una muchacha me ha dicho de la sombra
y de los dulces muslos para darme
dice también sonora hueca
siente infierno
el eco es el don del olvido
Cuando hablaba de la distancia
el agua escapaba de mis manos
Allí se abren también otras flores
y cierran sus pestañas
El sueño ocupa el espacio de la muchedumbre
y ellas tienen permiso hasta las once
Ya los hombres apagan sus latidos
andan cabizbajos los corazones
Las calles son murmullos
improvisados poetas cantándole al susto
Es un miedo el amor
una muchacha que se abre
Olvidaba decirles
la sombra no es el sitio ideal

Alto está el parque, y como de una casa
Salgo de su crepúsculo
En cada esquina los borrachos aguardan
el pueblo hace guiños
a ratos el aire mueve la nostalgia
Dicen que ellos mentían a deshora
la lejanía era un coche en quince minutos
en el cementerio los muertos recibían al viejo
se presentaba con enormes silencios circulares
sus ojos eran dos flechas

Ya me callo
el parque se ha quedado nube
se ha quedado lento

mas que un naufragio estremeciéndose
llorando y maldiciendo ha quedado el parque

Por los pies asciende hasta los ojos el rocío

> **Un día tomé entre mis manos**
> **tu rostro. Sobre él caía la luna**
> **el más increíble de los objetos**
> **sumergidos bajo el llanto.**

Un día tu rostro era la luna
y yo el más increíble objeto sumergido
Es el principio del temblor
te dije
entibia esta luz que ha brotado
y comienza a desprenderte el miedo

Solo era el principio
un susto no es tibieza
ni la luz que ahora comienza a soltarse
La luna eras tú y el objeto sumergido
más increíble que el temblor
era yo por la magia de este juego

Siempre sumergida en el vidrio
al final
ya casi no temblabas

COSTA NORTE

Nada es fácil cuando el aire
me recuerda tus pasos
trae tu corazón como un crujido

En la costa norte del sueño
sigue lloviendo luz nuestra ventana
No olvido el pueblo   sus caballos
y los mansos amigos
y las flores

Llegar es ponerse al alcance de la mano
Estoy dentro del fuego como helado
Nada es fácil niña
ni el recuerdo

EL GUARDIÁN DEL ASTEROIDE

A Andy y Soleida

Aprende hijo
solo las cosas hacen su destino

Estoy lejos del verdor
y de ti perdido en mi recuerdo
Hace un rato observé
la sombra de un aire sobre el asteroide
y supe que venía
a interferir mis luces con tu sueño

No interrumpiré tu paz pequeño mío
sueña conmigo y escucha
tus ansias de ser el divino guardián
fiel a los hombres

Oh hijo
la nave de tu sueño es una barca
se bambolea en mi espacio
y me deslumbra

NUEVO POEMA PARA UN LEÑO VIEJO

Hay un pedazo de árbol antiguo al final del camino
y ya no le duele el viento el pájaro el humo
está sumido en la penumbra del fin   quise decir
tiene variedades de carcoma
lo saludan las semillas de otros árboles
y la lluvia lo acaricia

Fragmento de materia

Hay nubes en los ojos de un poeta
y un árbol que suspira el temor más callado
los dos   árbol y poeta   han terminado de crecer
descienden cautelosos   sin saber a dónde

HUÉSPED

1

No soy otro ni humedezco mi corazón con cualquier agua
Cuando el sol
la araña roja entra en el cuarto
mi cuarto es como todos los sueños
o como todos los cuartos grises

2

La calle la luna miran como otras
Masó no es avenida al mar
viven casifantasmas que no entienden
no entiendo cuando la noche fue y estaba ella
al final de la calle

POEMA CON TORTUGA

Una tortuga viene arrancándose los ojos
piensa arrancarme las palabras
tiemblo
imagino el fondo
bajo el agua el lino y mis verbos
las piedras los peces
y otra vez la voz mía
está acercándose la tortuga a mi crecida
y a mi dolor
tiene el hambre de las letras

pronto se tragará este poema

EL FANTASMA DE INÉS EN MAYO

I

Mayo es un pobre mes de brujas
donde me siento a esperar el viaje
Otro me ha entrado
come de mi carne más que un animal
así como el aliento de algún fantasma
cierra mi ventana
y quiere que salga a visitar el borde de la mesa
donde se acaba el mundo
Mayo es un mes y está lloviendo
el hombre que ha crecido aquí se lanza al viento
con toda el hambre de los solos
se lanza fuera del borde
dice que no crecerá mas
que no irá más allá de toda soledad
que se vuelve nada
y que la mesa es un mundo de fantasmas
donde un suspiro rompe el murmullo de las hormigas
donde la música no es un suspiro
y vuelve a ser

2

Inés y Juan
de pie
los ojos bailando
de la luna a los ojos
construyeron o destruyeron
quién sabe si el principio o el fin
y el fantasma los espiaba

con el privilegio de ser mosca
hormiga
música
suspiro
tratando de advertir que Inés

3

Mayo no es un mes para morir
quizás tampoco para seguir viviendo
en mayo escampa tarde con alfombras
Desde la misma puerta que abres
miran
puede ser la luz
siempre la luz
donde te veo transparente
más llena de muerte sin vivir

4

El columpio se mece
se está meciendo el planeta
y desde aquí
las nubes suelen ser aparecidos
Inés se esfuma
aplasta las cortinas
resucita en la foto
porque mayo es un mes
y todo su cuerpo

DISCURSO PÚBLICO BEBIENDO

Carmen Margarita Elisa se hace la vida ante el espejo
camina
en la pared del cuarto hay retratos y almanaques
la miro escandalizo la noche las gentes me marean
alguien termina de sacarse los ojos
una mujer desnuda va estirándose cubriendo la sábana
quién sino yo está borracho
las hojas no han caído los ladrones de viento
comienza la polvareda de papeles un gato está jugando
domingos de un mes muere la vista se enfría el café
mis dedos descansan de otro espacio
la misma habitación de semillas huecas cáscaras vacías
voy a llenar de raíces la mitad buena de tu tierra
    la mitad mala
año de perderte rumbo
por la noche estrujas el barro
nazco de una luz vendo mis deseos
Carmen se muere donde el sol
enseña su carga de aliento su corola para los hombres
Margarita llenas un espacio de cuántas
Elisa para defender
vengo de enamorar de carnavales de corazones a desnudar
mi fiebre que moja voy triste a la cama a mirarme los pies
Magdamor y viento en el agua

FANGO

Apunté mi corazón para la lluvia
el dragón sin rumbo fijo sin lentes
miraba las nubes desprenderse
el fango y la monotonía del tin tin
los granizos los viejos con el cielo
en los ojos de mi padre
cuantas puñaladas le di
dragón y corazón
de noche como el viento
montado en la de moler la vida
la carroza el pecho de mi niña
caracoleando
moví inquieto mi zapato
las narices de mi caballo
las voces
los vecinos no se asustan
las escobas barren esta hoja

ORIGINAL Y DOS COPIAS

A Magda Pegar

Oh zoológico municipal
a veces las copias invierten los sonidos
la desvisto   no es tu imagen
la lluvia como aviones de papel quemó la risa
los niños   ayer los niños
Oh zoológico municipal
los sonidos invierten   a veces   las copias
la desvisto   es tu imagen
no la lluvia
cómo la risa quemó aviones   de papel
ayer dos veces los niños
Zoológico municipal
las copias   sonidos a veces in invertir
visto tu imagen sin lluvia
ni el fuego de los aviones   ni la risa
niños ayer   por qué

BRINDIS

Nadie en la inquietud pierde el sentido
solo yo estoy de fiesta en la demencia
Vibran las tribulaciones
nada es indigno
ni el acoso del yo
A imagen y semejanza del alto padre
carcome el rocío la impetuosa mejilla
Este es el brindis
un sonoro brindis para el rey
de todos nuestros corazones hoy
Yo azoto el verbo del comienzo
Yo la cabeza rodando
como un planeta en la tierra de todos
Beban por la salud del rey
así abrirá las puertas como cierra los ojos
Beban a su salud
estamos prestos a quebrar la copa
no el brazo abajo lentamente
no la profundidad en los ojos
Violenta
la campana rompe el oído
Un brindis
Un sonoro brindis para el rey

AL PRINCIPIO DEL EXTRAÑO LATIDO

Una mujer tiembla dentro del té
dentro de la noche tiembla un auto
La tapia al final del pasillo
es la continuidad de tu corazón
tu corazón se derrumba

Qué pasará en el principio que duele hoy
un coro no se escucha
                    y nada más

ANDAMOS MALOS

Cuando el loco era un hombre
paseaba su cordura
Eran ciegos los ojos
ciegas las muchachas y sus dientes
No veían su común apariencia de animal
no rieron de su corazón

Eran tiempos de andar buenos
los ojos en el camino
los pies sobre los ojos

En la muchedumbre lo reconocí un día
nos hicimos grandes
en cierta forma amigos grandes
y a veces también grandes enemigos
Empecé a comerme los fantasmas
los ojos eligieron el lugar de la luz

Las muchachas sonríen
nos miran atravesar parques
mañanas
nos miran atravesar
Andamos malos
                        muy malos
pero no tan malos
                        y quizás hasta buenos
Andamos con luces en la cara
sin cegarnos

LÍMITES

La encrucijada se acerca al extranjero
mientras
arden los iluminados
roen el vacío las mujeres del tren
del *autostop*
pero sigue oliendo el mundo a paso roto
y tú
quema de un golpe las manos en el hielo
y tú belleza
juega con los dardos a sanar la música
pero sigue oliendo el mundo a paso roto
y yo de pie
justos al centro de dios
y ellos lentos
acostados
pobrecitos
el ojo alerta detrás de los cristales
pobrecitos
miran al raro de los pasos bruscos
Qué importa el traspié
yo maldigo el camino como un cuerdo demonio
Oh encrucijada
del lado del corazón está la piedra
del lado del corazón dispuesta al mago
Oh encrucijada
del otro lado cantan las sirenas
pero no temas
siempre el corazón ablanda el mármol
y tú iluminado
busca un truco para saltar el foso
y tú belleza
rompe la cordura

PADRE ESA FOTO

Este camión sigue su marcha
no lo detienen ya
y he quedado inmóvil
sin el aliento de sus metales

Estáticos miramos la foto
los rostros que nos miran

Sigue padre
el pie en el cloche
no detengas con la marcha este momento
ya perdonas estos huecos deseos
y al tiempo en el papel que me las paga

SIN NOMBRARME DAVID

A Soleida

No sabrán de mí sino por esto
Aquí se pueden admirar en el sello
de sus antepasados
Estuvimos locos y los que no
fueron el peligro de volvernos cuerdos
Gracias a nosotros oyes que te nombro
por tantas guerras
por la gracia final
No tenemos mártires
el que fue muerto era un muñeco
armado por el mismo para inventar la vida
Héroes sí tenemos   oh los héroes
paseo entre ellos con el ojo terso
Bebimos con los mansos
los más tiernos rencores
Si me oyes
dichoso el cuenco de tu oreja
sabrás que no inventaste tu propia libertad
como en la hora en que escribo
no invento este futuro

del libro: A favor de la roca

UNA OLA

Hay asombro en la gravitación
de un cuerpo sin su alma
en su letra pequeña y recogida.
Meses de tedio familiar aquí vivo
mentido e inconforme,
cada montaña reviso hasta en sus silentes grutas,
en los ríos sumerjo
la hirviente cabeza de los sueños.
Odio al que escribió por vez primera un acertijo.
¿A qué lugar tan malo pueden desterrarme?
El censor acecha.
He recogido flores, sencillas como son
las flores silvestres de la isla.
Olvidé todo.
¿Habrá mejor destierro?
Malezas, aves y mariposas nocturnas
con los colores de la muerte.
¿A qué este día con sol,
esta lluvia casi inspiradora,
este mar perseguidor que sueña
convertirse en tierra?
¿Para qué la casa en el averno?
El ratón es muy veloz,
tiene suficiente con algunos libros,
pero necesita respirar
y ante todo canta.
Yo canto y escribo sobre el agua
mas la oración se pierde,
desaparece,
y fue una ola
pequeña y disidente.

ISLA Y OLA

Por Cuba

Isla curvada,
oblicua en el ojo del marino:
arco para no disparar,
arco sin flecha.
Ola gigante que vigila el norte,
guardando el sur.
Isla, rumbo de la espuma,
verde con azul,
cielo con montaña,
lenguaje de la arena si confluyen,
isla y ola,
amargas,
misteriosas.

OLA DE INQUIETUD

Todo hombre ha sido ciertamente un pez,
todo confín ignorado un espacio para la sombra.
Otro es el recinto.
Aquí todo se pierde,
cara o cruz de rojo
voy destino al sobresalto.

Después de girar,
un círculo sigue siendo
la espera interminable.
He saltado fuera,
he saltado al origen
tras la niebla de los que, perdidos,
fueron cáscaras de armar
y lentos huesos.

Bajo rigor,
escucho el parlamento del rey,
el mar hizo creciente y fue la noche
una gigantesca ola de inquietud;
allí las sombras y de este lado,
los dones de la luz, sus maravillas;
allí el recuerdo mío de pez,
pez recluido en el cristal de la ola,
pez moviendo en vano la boca
boca en la sentencia del aire
que es el asma,
asma del espacio libre,
libre aun en la memoria
de los hombres.

OLA TRIUNFAL

Canto de sal y viento en promesa,
agua y onda
ágil o serena del hastío de los miradores
ojos que la siguen.
Pasos que llegaron hasta aquí
deseosos de arena.

El cuerpo anuncia
y el alma de la ola lo descubre;
hay fuego en ella,
en sus jardines de algas y corales,
muy semejante a una provincia
de peces y fantasmas.
Ola que has triunfado
sobre la música absurda de los hombres
y el ruido de los motores.
Voraz, un animal, el viento
se complace con tu sabor amargo
de ola triunfante retornando,
y con tu música inefable
yo me guardo del hambre y de la sed
en la provincia.
Miro sobre el mar,
niego la estela con que seducen
las balsas disidentes.
Hundo la cabeza cuando llegas
hasta la costa de arenas movedizas
y miro al fondo de ti
ola que vuelves.
En tu movilidad dialogan los ahogados
con voces de naufragio:

bajo el agua de la playa
la arena se estremece
como si pasara la muerte
buscando vida nueva.

Me cuesta respirar en esta ola
pronto seré un pez y tiemblo,
silenciado.

A FAVOR DE LA ROCA

Dando contra el muelle
a favor de la roca,
frotándose nerviosa con el puente,
la ola es un animal de sangre verde,
una planta trepadora al borde del abismo.

La boca rumorea
y sus ramas abrazan
donde la espuma y el agua limpia giran
y se descubren.

La ola lleva el sombrero del ahogado,
corbata de alga gris,
reloj de arena
y allá en el fondo
desnuda,
la miro y el humo aparto
el finísimo rocío de su cuerpo de ola.
Ella da contra mí,
contra el muelle,
contra todo.
Regresa de abismos menos grises,
de un país sin idioma
donde el pez de la suerte
cada día toca en otra puerta.
A favor de la roca,
la ola marginada sigue siendo
el fantasma del hombre,
de aquel a quien el mar escogió como inquilino,
huésped indeseable de la tierra y el cielo.

Yo soy la ola dando contra el mundo,
ese pequeño espacio que me rodea,
me llena y desborda.
Soy el animal de boca pendenciera,
curvo de líquidas escamas.
Yo soy la planta que sube
y luego cae
sin amarras,
un alga de sudor.
Yo soy la ola vestida de poeta.
Soy tú cuando me odias,
cuando eres la ola salpicante e infiel;
vivo en el bamboleo final de tu agonía,
en el último roce de ti con la otra roca.
Si no viviera aquí
viviría en el fuego, en la memoria
de tantas olas vírgenes.
Si no viviera aquí sería un espejo,
podría parecerme a una enfática ola.
Si no viviera aquí no habría nacido,
sería nada o algo,
una ola quizás,
dando contra el muelle
a favor de la roca.

del libro: Los seres enemigos

DESAYUNO DE JUGLARES

A Manuel Sosa

Suave magia para divinizar
lo que supone el aire o el rebelde.
Suaves anotaciones para predecir
lo dicho tantas veces.
Llevas en la garganta una procesión de máscaras
con hojas amarillas, nuevas coloraciones.
Los ecuánimes de amable palimpsesto
gratifican el ritual,
las monedas, los duros objetos
con la necesidad del hervidero
precisan que los padres
silencien una salutación.
Es fácil componer cuando se han levantado
las estrellas
y difícil el hecho de estar mudo
ante los espejos de la sombra.
Suaves veredictos
los de la mano aplaudidora,
no hiriendo la espalda del locuaz,
y en la temeridad
siempre pareceremos más crueles,
cada uno con sueños diferentes.

J. M. y A. S.

Quizás hoy sea seis de mayo de 1895
y si ayer hubiera podido desenredarle a Maceo
la conversación
estas palabras que escribo no se perdieran,
pero hoy es veinte y siete de enero
y han pasado cerca de cien años,
el cielo tantas veces gris,
otro palmo de azul ha descubierto,
no solo el jinete, de Holanda el traje
sino el viejo murmurar del contramaestre
trayendo la codicia de pasadas contiendas,
pasando el agua turbia por los labios secos de Gómez.
Yo apunto, remontando la ladera del tiempo
y en la inquietud de mi nombre sacudido
y mis palabras tantas veces remojadas,
recojo los anzuelos…
Aquí, a la vista, la misma encarnación,
los mismos juegos patrios
que acontecen al hombre
marcado por la historia.
Yo quiero silenciar mi verbo hasta el desquite,
reposar un siglo mas si acaso este universo
no rinde sus fronteras
y despertarme tarde, una mañana,
un seis de mayo
y escribir cielo azul del río aletargado
bajo un árbol de Cuba.
Palabras dictadas sin lujuria,
destinadas al hombre,
a no perderse.

LECTURA MUNICIPAL DE GARCILASO

Para Alpidio Alonso

Grandes kioscos con gorras de zinc
manchados
y en la noche volante o en la madrugada
tras el rocío ojeroso
de amores me voy reconciliando
prisa del ser   de parecerme y parecerle
más raro que el demonio
con brillante capa y gorra de zinc
De mi tabaco como un ahorcado cuelgo
mis pasos que despiertan al oscuro
pasos de pinta pobre
gorra de zinc y capa de brillantes
la madrugada en el centro
es el sueño del oscuro
y en el amor me voy reconciliando
A la garza mejor apunto el ojo
y el disparo me hiere
en el amanecer converso convertido
me conservo puro
y la boca en el muro
del beso va saliendo
Oh suerte de riesgo
y de los fragmentos tus designios
el agua temerosa en los kioscos bebo
grandes kioscos de zinc y no los ciervos
por las calles de aquí pasan huyendo.

REINO DE LA ANÉMONA

Así las cosas en fosforescente isla
casa de lamentación
proceden en el tabernáculo
y de la fuente arrastran impurezas
Estamos en la estación de la vaguedad
ante los jueces magos
incapaces de la voz y los estribos
Un animal reproduce el grito
el silencio terrenal de las constelaciones
Así las cosas en vano doblegadas
pasan como agua y no lluvia
sequía en lo sublime y en lo ordinario
A punto estás de un suicidarte égloga
de un exorcismo apenas permisible
de una demostración pagana
Conmemorando peces
atando el límite con la vergüenza pública
justificando el trébol combinas tu emoción
afiliarte al juego del destino
causa llagando la luminosa periferia
isla y casa derrotada
no en la carencia de la historia
sino en la torpe
en la mezquina significación

Quisiéramos dulcificar la estancia
nombrar una mujer y unos deseos
pero se rompe el agua y su cuaderna
la frágil secuencia es comparada
con el débil responso de la bestia
los clarines se opacan se diluyen

profiriendo el ay del credo y la fascinación
el sol es ocultado por la uña del meñique
vemos asombrados como le crecen a la esperanza
unos falsos retoños.

II

En la sobremesa
antes de la aspiración y la elocuencia
con un estómago voraz y zumbador
el salto y su cadencia ruegan por mí
por la precaria salud del ignorante
y gracias a los hombres felices
a los que se distinguen en la batalla
y pueden cambiar
he ingerido mi ración
y un agua brillante y explosiva.

III

Palabra de ellos
la que establece los senderos
así el pie sobre la fronda
el agujero semejante y la incipiente
realeza de los tigres
Reclino mi cabeza
y es el sueño o la desolación
o la anarquía de la idea
tú prevaleces
hasta predicas la respuesta de los conjurados
hasta juras por ti y no preguntas
esa lenta y femenina manera
con la gracia del maestro
y de los discípulos reconvertidos
He llegado a la semejanza del estigma
al aplauso inquietante del donaire
que emplaza sus cadencias
en un corcel perseguido
hasta la obscena mano que en el vaivén

expande la insinuación del falo
agua de la preñez y signo
que hace palidecer a los cazadores de la anémona
ponen al fin de antigua piedra su eficiente duda
si la mudanza crece con música salobre
y música de espacios condenados
todo para armar la magia de la trémula
Por fin el pie hasta el centro guiado
pone su ascua de aleteante silbo
pone su espiral de acecho
y el fango de su sueño
el pie plantado sobre el sexo profundo de la anémona
sobre el absoluto de la idea
y el estremecimiento de los dardos
Auras de cíclicos regresos
ponen curvas de afilada sed
en la extrañeza del aire
Un cielo batido por nubes
una tierra que asciende hasta ellas
y la grave seducción de los crepúsculos
Hondo el mar
reino de la anémona
triunfante de ahogados arenosos
ríe a los sobrevivientes cazadores
ni el uno ni lo múltiple
han salvado a la anémona
de su inconsciente tiranía.

UN DÍA RUMBO AL NORTE

A G. S. Pacheco

Dejo atrás las rosas de la tarde
tan comunes como la aurora
el espacio donde abrazada la piedra
tomó forma de mujer
el escándalo
la duda
la transfiguración del hombre
que ángel fue y fiel demonio
vaga ahora por los antiguos lugares
Dejo atrás el futuro
que pudo ser la tierra de otros sueños
donde la materia triunfa
Dejo atrás la hormiga del hogar
siguiendo el dulce sendero
Dejo el octosílabo de mi nombre
y mi canción baldía
y mi locura atada al borde de unos libros
el sospechoso estigma de mi celo
Hundo mi palabra en cada paso
hundo mi cuerpo que es metálico y mortal
hundo la madera de mi alma
lo que fue savia y sangre de mi corazón
se hunde
sin ocultar su suerte
paso a paso
hasta crear la nada.

EN LA RIBERA

Sacros y dementes subían la colina
escalar a pura fuerza
a lenta uña escalar la antigua roca
Ellos y mi sueño
Ellos y mi ansiedad
de animal casi vencido
pasamos la frontera
no es un río
no es una pared
levantada con la sangre
de sus celadores
Estamos en la ribera
del tiempo de poseer
del tiempo de adorar
cada retazo del vellocino
Sacros y dementes
apocados e inquietos
escalan hasta llegar
y ya en la cima
no se detienen a tocar la estrella
bajan deslizando
por la escarpada ladera
el desengaño de los escribas
la máscara alcanzada.

LOS SERES ENEMIGOS

El desaliento de las runas de agua
la acusada falsedad
y el daño a la calidez integradora del aire
La música que pretende asir
la inalterable armonía
todo el crepúsculo de anillos
soñado por nosotros
El ascua levantisca del porvenir
los asombros de Dios
y un ojo humano en lo desnudo de su poder
Descifrar la lengua perdida
y entre el silencio y el murmullo
una zona de acoso indescriptible
La idea estática contra la idea en rumbo
azotada por el cuadrante
independiente y no libre
locuaz y no altanera
heroica y no sublime
La idea que es símbolo en cualquier estación
entre rumor y silencio
entre silencio y letra
Son los seres enemigos
todo en ellos y en formación
el acto que dará la imagen
el azar que de urdimbre a rótulo
prolonga la sucesión y el escándalo
Todo flotante
en trémula discordia con el fuego que será
con la nieve de un espacio intemporal
Todo lo que ha sido y es
asume el oficio del rumor

el emblema del silencio
su padecimiento
el cisma
la inquietud de quien porta
el arma de la voz
Son los seres enemigos
llegan doblando la espalda
y la vergüenza dando
cubren con pálidas caricias de aprendiz
las manchas de su horror.

EN SANTA BALBINA PULIENDO UN MÁRMOL

En Santa Balbina rodeado por los mangles
reticente y extremo en su digitación
va llevando a la piedra una forma
una ley un vago retorno
a piedra de sentido
En Santa Balbina puliendo un mármol infinito
de tortuosa sustancia
Extremo del hombre
la mascarilla del dios que sostiene
y pule la piedra
en sus dedos el cielo
todo el cielo
reflejo de otro cielo interior
de la ciudad
y alrededor el mangle de elevada sierpe
Dar el golpe preciso
la limadura de la perfección
la oscura verdad de flor
piedra caída y mano que la aguarda
Oído del pasajero
cada día en Santa Balbina
donde iban a jugar y eran muy torpes
en el interludio ella se afanaba en el claribel
después del paso
dando sitio al cuerno de la escasez
Extremo en su digitación
rodeado por los mangles
cambiante piedra al consumir
un palmo de su mano
una fluidez cortándose en los bordes

un extremo de piedra en el saliente
un hombre
apenas Dios
puliendo un mármol.

del libro: Miniatura con abismo

ES PARA TI, GERTRUDIS Mac DOWELL, Y TÚ LO SABES

James Joyce

En una pequeña rajadura puedes habitar,
en un mísero rayón,
en el Tokonoma envidiable
y hasta en José Lezama Lima.
Conforme con esto,
esta causa es principio
y este fin es azar.

No dudes, no prometas ni cumplas,
solo voltea la palabra en tu lengua de estímulo.
Nada sabes de la quietud,
si no la explicas, no intentes contra ella.
No eres superior,
recibe la dosis de azafrán y calla.
Tus amigos están dentro de la pared
oyendo y murmurando.

La manzana es tu rostro y será atravesada.
Hacia la luz inclina la cara del gusano,
hacia la leve nostalgia del arquero.

ENEAS

Era la música de Brahms
entre dos corrientes vasos
nada sígnico y nadie conspirando.

En los estantes
el salitre a la fineza convidaba.
Una referencia,
una sola referencia
a la incertidumbre de los héroes,
a Eneas profiriendo sus lamentos.

CERCADO POR LAS AGUAS

Desde el amanecer hasta que cada hombre
su oscuridad
echa a volar
ensayan en palacio
los bufones sin máscaras

Todo el reino es carne de comedia

Luego duermen
hasta el amanecer.

UNA RARA MELODÍA JUNTO AL MAR

Perseguir la abundancia como estilo de conciliación,
alternando el blanco positivo con la balística de los Persas.

Solucionar el dilema del rodeo al cuadrado
aunque la independencia niegue.

Una solución concentrada, de huida, en franca
contradicción con el espíritu guerrero de los Guanches.

Silbar desde la costa hacia dentro,
para que nos escuchen los secretos milagros.

Renacer, cuando la isla navegable sea.

EL CÍRCULO

Como ven no soy normal,
este poema debió haber comenzado diciendo
tu nombre es un pedazo de pan entre mis dientes
o quizás
se equivocó el río circular
y ya todo no es lo mismo,
en el sitio de las rosas
se ha ocultado el ojo del vacío.

Seguro este poema no debí comenzarlo,
jamás intenté combatir a mi doble,
pero cuando algo empieza
solo tiene un camino.
Mi nombre es un pedazo de pan entre tus dientes,
cada vuelta del agua
                    es un espejo.

1989

ORDENAMIENTO DEL CAOS

Para que el censor no mancille
el poderío de la hoja
dibujo una provincia,
sus tejados y el temblor de las aguas.
La noche, oculta
bajo la exquisitez pasa,
indagadora de su propia oscuridad,
sabe que el sol puede flotar
levísimo ordenando
estas palabras.

19-junio-1989

LA RUEDA

Es alto el equilibrio y ancho
en el espacio no tiene una barrera
La nada es algo
El pez que regresa a la orilla
es una zona limitada
El madero que es regresado al océano
tiene un signo desconocido
La muchacha que despeina mis cabellos
se pinta héroes en el vientre
con ceniza
El fuego anegado hierve en la nada
La nada es todo
En su espada penetra la carne de los héroes.

FUNDAMENTOS

En el paseo, laureles enormes y nadie adivinando,
es de suponer que la ignorancia sea la donación final.
Con la piel humedecida y las maderas
el fuego no mostró lo que queríamos.
Removiendo con el gajo de laurel
y entre las entrelíneas del remolino
la mentira del pasado.
Las lluvias que cantara Saint John Perse
dan una mano al mago del milenio.
Pasos para detener a los tranvías
que no llegaron nunca a Cabaigúan.
Una ligera carrerita para alcanzar al centinela
con la promesa de la absolución.
Al año y desde Valencia llegaría el sacramento
para los futuros reclutas.
Un viaje prometedor se rompe
y el agua da otra vuelta.
Si el tiempo es admirar el delirio del sol
atravesando el aire en una playa
estoy lejos del tiempo,
en el Paseo Municipal
caído en un pantano
con el bastón quebrado.

MEDITACIÓN EN EL CEMENTERIO

Tu mano es lo opuesto al fingimiento,
para ti la amistad debe ser como la fuente de Jacob,
en ella encuentras al redentor.
Él pregunta tu nombre en la lengua del agua
y tu respuesta es una obertura
de eficiente silencio sobre el fango.
Pero un amigo siempre modifica la inclinación,
agallas del verbo por donde el aire pasa vagabundo.
Conocedor de superficies,
el amigo teme el fondo de los sueños,
y te pide que inclines más el rostro
y que prefieras.
Pues queda para el rico escoger el metal de la venganza.
Y nosotros, dueños del imperio de las cabezas vanas,
dueños del vacío y de la gripe,
herederos de la hipertensión y el asma
escogemos el oro, siempre el oro.
Porque somos al final hombres de hueso,
el hueso que pierde la esperanza
y emerge cobrizo de la tierra
para aguardar la mano que los limpie.

MINIATURA CON ABISMO AL FONDO

El pez, la habitación,
el magro imperio parecido al bosque,
ojos que en su filo apuntan
a las horizontales.
Aquello dicho reaparece siempre,
no el circular de la sospecha,
sino el agua donde he visto
la misma cárcel que parece enorme.

CABEZA DE FAMILIA

A Yamil Pérez

Estas son las pequeñas cavernas.
Con mis dedos las adivino
y voy iluminando sus interiores decorados.

La tumba estática, no movida al norte
sobrepone su asta; el viento, abeja sentenciada,
desborda sus grietas.
Todo lo prohibido podría sernos dado,
la diosa sin escándalo puede desnudarse
como las aves mudan su plumaje;
añoraría entonces el vicio,
el verbo que no cae, el propósito
semejante a un plato hirviendo de frijoles.

El vientre de mi progenitor
se alza a menudo,
convida
a la fiesta del hábito y la madeja.
En vano voy iluminando sus adornos.
En vano luchan contra el viento mis cavernas,
diminutas y pálidas se agrietan.
Constelaciones de bibliotecas leídas
pasan ante el licor y el barman ciego.
Yo, sin ser primogénito,
coloco mi índice con suave aliento de serpiente
sobre la infinitud del círculo.

LA RUEDA QUE VUELVE

A Fernando Valdivia

En el centro, donde los amigos
cantaron la última romanza,
y los ungió el veredicto de los mortales,
una palabra revive la nostalgia
una voz en el templo por hundir.

Así es la armada y el pacífico perro del vecino,
así nosotros, las normas de la noche,
el holocausto para la fundación.
Oh visiones,
payasos con sordera cantaron
hasta el amanecer,
y en fila, como ordenó Demogorgón,
se fueron a pudrir
todo el vicio del hombre en el vacío.
Tú querías el vino de la furia y los espantos,
una nodriza con acento bailando en la penumbra,
al triunfo del sol sobre el polvo enamorado.
Pero nuestras carencias terminan dominadas
por los elementos,
un padre que persigue a la mujer ingrata
y unos hijos felices
y dispersos.

AD USUM DELPHINI

A Esbértido Rosendi

Libertad extensa para tu cristal,
entre las calles Tristá y San Cristóbal
a la sombra del jardín de la Logia.
Este es el mapa del laberinto.
En el mercado se predica
la esencia etrusca de la adivinación.
El hombre no soporta la idea de su abandono.
Verás, ella no se acostó con el sujeto.
Es preferible una lectura detallada del espejo,
la composición del plano astral
después de varias horas expuesto a su mirada.
No quisiera nacer en Jarahueca.
Una lámina que representa las partes de un molino.
Mike, men dont´cry.
Mis primeras palabras serán tuyas.
Libertad inescrutable,
Tampa fin de siglo después del sacrificio.
Íbamos a nacer al sur de los laureles,
por suerte el carpintero esquivó el dedo del anillo
y todo no fue más que una amenaza.

Ad Usum Delphini: Nombre dado a las excelentes ediciones de
los clásicos latinos, hechas para el Delfín, hijo de Luis XIV de
Francia, y en las que se habían suprimido algunos trazos
algo crudos. Empléase irónicamente esta fórmula a propósito
de algunas publicaciones expurgadas o arregladas con un
fin interesado.

ASÍ HABLABA NIETZSCHE

A mi esposa

Yo no soy Zaratustra,
no soy quien para decir que no soy
y sin embargo persigo a Ariadna por este laberinto
y hablo a mis discípulos con la voz de Dionisio.
Oh bella, los decadentes atamos con fuerza nuestros ojos
a toda ley del hombre superior.
En la llanura, allí donde crece
un nuevo río para el mar,
el hombre ve su rostro de juncos florecidos
y sin embargo no cree.
Yo soy el error si avanzo con ustedes
y retrocedo al punto para hundirme.
La misma cara, los mismos labios,
Cósima Wagner entre lobos
y Lou Salomé contigo.
Yo no soy Zaratustra, ni Zoroastro, ni Heráclito,
podría ser el demonio de Sócrates.
Ah bella, he sido un libro
de polvo y de blasfemia.
En la noche no puedo escribir
y ya no duermo,
me arrastro al laberinto de tu música
compuesta para héroes y bufones.
Yo no soy un poeta, no tiene sentido,
la palabra fue dicha,
ya fueron decididas las estaciones
y penetró el invierno en nuestro pecho.

BARCO SOBRE PERFUME

Él era un barco que busca su naufragio,
ella era perfume y fingimiento.
Buscaron en la antigua Grecia
un lugar donde acostarse un par de horas,
encontraron un poema
que hablaba del amor antes de Cristo.
Se indignaron;
descubrieron al autor,
un oscuro homosexual del siglo XX,
se fueron de allí sin atreverse.
El encontró un puerto en un grabado,
y era como yo con veinte años.
Ella se dejó toda la ropa
y era como la esposa de un ministro,
desvergonzada y pura.

POEMA CON DIOS

La arboladura vaga a la espalda del testigo.
El hombre se apoya en el bastón
presto a quebrarse,
pronto a la sublimación del golpe.
Como una madrépora, una lunabaja sumergida
entre ficciones brumosas y aldeas recién pintadas.
Magia o suerte de revelación
el poeta y yo rozamos frases hechas,
hechos como frases.
Rozamos el futuro del pájaro en vuelo
y el proyecto de ausencia sin espera.

Palabras, mis enemigas, atacan el último mar
y al primer amanecer del hombre.
Palabras, insinuaciones de un Dios desnudo
y vacilante.
Todo poder es oscuro y se pierde
en el tiempo de las deudas.
La privacidad se atreve con su nombre
y el día y la noche tienen suaves contiendas
de amor y de odio.

Aquí están los opresores,
míralos en su vulgar pereza,
no nos dejan siquiera mencionarte.
Perdidos semejantes para ser encontrados
y distintos,
como niños normales
mirándonos el sexo sin lujuria.

Apetezco tu cuerpo, el cuerpo de la luz,
la resaca y el aire sin la noche,
porque un día vendrá
a repetir el trono recamado
de pezones triunfantes.

Dudamos ambos
en el silencio de los peces muertos,
de los muertos mudos en la indiferencia
y de la infinita palabra libertad.

PERFIL DE LA VICTORIA

Si miras bien,
ladeada en el metal,
su imagen es confusa
y no provoca la placidez del triunfo.
Su cándido empeño
deja ver un oído locuaz,
una mancha de sol en la mejilla izquierda,
y la otra marcada por el hierro.
En la oscura medalla puedes ver
el falso pecho.

DESTINO PARA ORIGEN

La casa, su cuerpo de ciudad con sumideros,
y el agua para hervir
la hoja de laurel para mi té.

Los árboles se cuelgan de los hombres
al ritmo del traidor ejecutante.
Escondo mi cabeza de esponja,
para no verme esclavo pasar ante mi puerta
con un lápiz al hombro.
Pero pasa la armonía
en los labios de Santiago
y pasa el último camión hacia la nada.
Y yo en el laberinto
no busco la salida,
no puedo ya guiarme,
conducirme,
esquivar agujeros.
Estoy apaciguando las hormigas
del suicidio.
Tengo fuerzas angulares
que guardan mi cabeza.
Esto se parece al espanto,
pero es una zona del abismo
de los cuerpos,
la filiación del yo con la mazmorra.
Veo la palabra soledad,
la multitud que rodea esa palabra,
como entra a cada cuerpo
llenándolo de frio y de silencio.

Es la hora nona,
quizás te mire y caiga.

Busco un rodamiento
seis mil doscientos tres,
compro una guadaña que no tenga filo.
Arreglo versos a domicilio.
No soporto la guerra,
ni el jardín.

1999

JULIÁN DEL CASAL

Eras bajo la llovizna un cuerpo enfermo,
y siempre la manía de los parecidos,
la marquesa de Calderón, venerable señora,
te recordaba a María Antonieta,
y de Huysmans: **Así debía ser Tiberio
al declinar de la juventud.**
Mirabas el volcán habanero en 1888,
y pronunciaste el nombre del **Pacificador**
tranquilamente,
y la última palabra y las últimas cosas de la vida
estaban en tu cuerpo débil,
y en tu lengua a punto.
No porque oraras en la noche
sino el alma arrugada en la caricia…
**Porque nada del porvenir
tu alma asombra,
y nada del presente
juzgas bueno,
si miras al horizonte
todo es sombra,
si te inclinas a la tierra
todo es cieno.**

CERCADA POR LAS AGUAS

Amanecido en el polvo,
a la sombra de los grandes tanques de la refinería
pienso en ti.
Tus playas se parecen a otras playas
pero no,
tus montañas y valles pueden parecerse a otros
pero en ellas refulge una luz sin miedo.
Me asaltan los versos de José María Heredia,
insuperables.
Entre un mar de palmas y de seres
he andado todos los caminos,
el aire es puro, pero está viciado.
Mendigos de frases
nos lanzan desde arriba
piedras fulminantes.

Anochecido en el fango,
bajo los pequeños tanques de la refinería
me asaltan
las bellezas del físico mundo,
los horrores del mundo moral.

LA HIGUERA MALDITA

I

Esmerarse en la sinfonía
para que el sueño entregue su mejor silencio
y obrar como el justo
que esquivo ante la espada y ante el nombre,
reprendió al árbol.
Hemos evitado la queja, oh inacción,
dando muestras al libro con la lengua menguada
y con una voz nacida de las aguas.
Ah gloria, opongo tu virtud al mundo,
la evidencia del signo
y el ardid de una oración.
La vista y el oído padecen la ruina del deseo,
la gracia su ausencia,
la silueta del miedo -Górgona interior-
a las hijas del sol, desnudas,
que van a desposarse.
Mientras, converso con el Padre Jesús,
hombre en tanto Dios, maldice a la higuera.
La esterilidad cede su fruto,
y en el diálogo recuerdo a Sócrates,
la cara de los jueces que escuchan
el fruto de la esterilidad.
El padre mira mis atributos celestes,
flores en los escombros, falsas odas
y dinero que renace,
como renace el espíritu del bien.
¿Del bien?
Hacemos el bien si sobra el bien,

nos sobra el mal;
y otra vez la higuera y tú,
Dios en tanto hombre amenazante y turbio,
de aspecto encantador.
Ay de nosotros, vamos al árbol por sombra
y el árbol niega.
Vamos por fruto y el árbol niega.
Vamos por leños, por sus altas ramas
que invitan a mecerse,
y el árbol niega.
¿El árbol niega?
En la vanidad vuelvo a Sócrates,
al temor, al valor de la muerte,
a la apología donde presentimos
los jueces persuadidos,
y a otro tiempo de llagas,
en que la miel y la cicuta
por última vez se diluyen
en la lengua de José Martí.

II

Qué buen título aquel del proletariado
y sus amorosos dictámenes.
Qué buen oído el tuyo que merece elogios
del proletariado.
Qué buena lengua de oro dirías,
si el oro no te perdiera irremediablemente.
Dónde está pues el error,
el fin del sufrimiento,
finalidad he dicho.
Juzgar las partes por el todo
y viceversa.
Qué buen padecer el tuyo, Sabio,
y cómo renovamos,
tú, en la soledad
y yo perdido o encontrado en esta inmediatez.
Qué buena higuera esta para marcar
el límite de los fariseos,

hombres ciudadanos, hombres libres,
hombres dando brazadas en el caldo conceptual,
en la blandura del disfraz sobre el desnudo.

III

País de júbilos agazapados,
pequeña vida de lombriz nocturna;
de las partes del árbol, la sombra es la mejor.
Miramos allá en el sol a los sufrientes
y aquí el susurro del aire entre las ramas,
el canto del ave,
la caída del hombre, su ascensión,
aquí, unidos en pensamientos de bien,
en algo siempre visto de perfil,
la esterilidad.

IV

Y del amor,
inefable su huella
de carnal asombro.
Idioma esencial de los instantes.
El amor invoca al pez y al niño
y a las piedras dispuestas a inmolarse.
Es el amor la espera intransitable.

Espíritu burlado por la época,
mi fruto aun creciente
busca la respuesta
en su sueño de higuera florecida,
piensa en la edad del Cristo
y en la vaguedad del tiempo andado.
Estas son en la extrañeza
estériles canciones sin destino,
mis preguntas.

PARÁBOLAS

A mi padre
A todos los camioneros

LA CARGA

Hablan de este tiempo,
esperan una carga,
sus nombres son Juan, Jesús, Francisco, Delmo,
nombres de camino a lluvia y noche,
a día y resplandor tras el volante,
yo voy con ellos y de la mano
de mi padre sigo
el rastro del aceite en el asfalto.
Miramos el principio,
madera o piedra,
olores para hacer la casa en el recuerdo,
arroz o caña,
los alimentos del hombre y su memoria.
Mudanza de los seres,
raíz de todo viaje,
precisión de ubicar en el espacio
toda sugerencia de los que eligen
un sitio distinto para crecer
y al fin cubrir las partes,
atar la nada
y celosos
Delmo, Jesús,
Francisco y Juan,
cuidamos de la carga,
el nacimiento.

EL VIAJE

Acabo de nacer y un fardo
sobre mi espalda de acero estoy cargando.

Miro a un lado y a otro en luz de ocaso
y muevo mi armadura.
Gris es el borde del camino
y el mismo es una nube,
de pueblo a pueblo,
aisladas casas,
árboles que pasan velozmente,
un hombre bañando su caballo,
una mujer se peina en la ventana,
huyen los animales de la muerte
y la muerte está en la crecida,
en el rayo que empieza la tormenta.
Sobre mis cristales cantan
los placeres del humo,
y surcando el agua el aire
pisando la tierra no tan firme,
avanzo con ruido de fuego en los metales;
por los cuatro elementos trago espacio
y el tiempo en cada uno otro sugiere,
el agua espuma saltarina se transforma
en el aire finito del abuelo
y el fuego del carbón se une a la tierra;
a los retrovisores el chofer mira
en el silencio alucinante de la carretera,
mientras la noche
su alarma natural viene silbando.
Los ojos del chofer son dos pantallas,
desfilan por allí vagos fantasmas,
manadas de caballos que el sueño ha dibujado
y grandes caserones al centro de la vía
por arte del cansancio.
Ya tienen que frenar
el giro de la luz sobre las llantas
y probar el café.
Tienen que ceder
el círculo que guía al más despierto
y luego
dormidos y avanzando
se presagio de curva y sobresalto,

ser caída sin fin en la ladera,
los cambios presentir en el letargo.
La máscara que sopla los despierta
y a pasos desiguales del inicio
se cuentan las señales de la vida.

EL PUNTO FINAL

Llegar es ponerse al alcance
de las manos
y con ellas la aurora,
la gran ciudad,
el mar,
la comarca del duende,
allí de amarras
nos vamos despojando,
estamos lentos,
amantes de estación,
tibieza de la mano y dado al roce
de tu cuerpo en desnudez frente al vacío
con el vidrio sonoro y con la boca
negadora del asfalto.
Viajante te he seguido
veredas y caminos,
callejas y avenidas,
los peces sin mar en los semáforos,
el río sobre el puente
y el retorno silente de la estrella.
Y somos circulares,
un giro al mismo Edén,
un freno al tedio del tronante ciclo,
un adelanto de luz contra la muerte.

tres, rescatados de la red

FOTO BREVE

Y bajamos por la galería Este
hasta perdernos en un laberinto
de calles apagadas
y salir a los arrecifes de la costa sur
en la Boca o en María Aguilar
con erizos cobardes y barcos portugueses
tengo la grabación las palabras finales del discurso
y el sonido del mar que insiste
contra el borde de la isla
guardo la foto en blanco y negro de un cuerpo joven
con gotas de agua sobre el rostro
y en los ojos golpeante una gaviota

Los militares le negaron el saludo
y eran las once y treinta de la mañana
y era sábado más al sur
siempre pensando en el comercio del cuerpo y el pescado
lo negaron tres veces y como estaban desnudos
se masturbaron frente a la extranjera que parecía francesa
digo masturbándose a la francesa bajo el agua del sur de
Trinidad
sólo por la risa destemplada
de aquella vieja y blanca puta parisina

Eran tres erizos sin uniformes
bebedores de José Arechavala
con los ojos inyectados de corales de fuego
mi recién esposa paría en un crucero
obediente de dios
intentando cruzar la piscina ovalada
y yo volví hacia ella y penetré en su interior

buscando una salida
y mientras buscaba
el mundo se sacudía por el este
y los lagartos cambiaban de color
yo iba penetrando
abriendo puertas y saltando ventanas
dentro de ella había frutas tropicales
que calmaban mi hambre y mi sed
afuera la oscuridad crecía
nos rodeaban animales más fieros
y paredes de agua turbia
algunas veces yo sacaba mis manos
para tocar sus pezones
y saber que allí estaban

Yo esperaba la paz de los senderos campestres
donde sólo se escucha el canto de los pájaros
y la brisa entre las ramas
yo esperaba la paz de los senderos
yo esperaba la paz.

CONTRA LA ESPERANZA

Si lanzo la esperanza porque cansa,
Si me canso y toco,
Si trabajo si muerdo con las uñas
Si el castigo recibo
Y no merezco
el traspié del igual.
Si lanzo la esperanza porque cansa
Y me hundo en ti misma
Y de cuchillo visto
Y visto de optimismo, aunque no sea.

Si me enfermo de humo,
De cualquiera
Y en las malas yo digo
                    Buenos días
Buenos días muchacha.
Buenos días señora que no almuerza,
Buenas noches señor que no ha comido.
Buenos días.

Me cansa la esperanza porque lanza
La manta a los amantes que desnudos
Quisieran mantenerse.

Me cansa la esperanza porque amansa,
Me cansa la esperanza porque es mansa.
Me cansa la esperanza
Y me cansa
Su crianza
De azules y de rojos,

Su tardanza
De danza y contradanza.

Y con la esperanza
Está la buena panza
Y contra la esperanza
También la buena panza,
Porque la esperanza
Aunque me cansa
Me lleva a la esperanza.
Muchacha
Señoras y señores
Aquí, en confianza

Mi última esperanza
Me ha dado
Señoras y señores
Esta panza
Esta cara mansa
Y este inútil poema
Contra la esperanza.

LÓPEZ PARK...

Desciendo a la deriva hacia tu sombra.
Golpean mis sentidos nuevos paisajes,
Sabores y texturas dominadas,
Sensaciones súbitas de extrañezas mortales.
Mientras repito las consabidas frases
Y me equivoco en la dosis
Observo al hombre caminar de prisa
Pero lenta la cabeza en apuros,
Palabras desconocidas inflaman su cerebro.
El hombre hace cabriolas
O movimientos pausados,
Danzas tornasoles que anuncian el infierno.
Frente al lago y sus bordes,
Frente al agua que espera en su patíbulo
Un hombre en López Park,
Reminiscencia enmascarada
De la ciudad despierta junto al mar.
Hombre sentado despertando frente al mundo,
-Despierto ya- vuelve a dormirse,
Se incorpora soñando,
Sueña que camina sobre el agua
Y se hunde.

El camión verde y otros pasajes
ediciones SurcoSur
2018

www.ingramcontent.com/pod-product-compliance
Lightning Source LLC
Chambersburg PA
CBHW062003040426
42447CB00010B/1884